Ryuhei
Courage to Live It
―Making a World to Protect Our Lives―

龍平：生き抜く勇気を
―いのちを守る世界をつくるために―

Kawada Ryuhei

川田 龍平 著

編： Nara Katsuyuki　　奈良 勝行
Kashimura Mineko　柏村 みね子
Sarah Brock　　　　サラ・ブロック

KOBUNKEN

CONTENTS

編注者　　奈良 勝行
　　　　　柏村 みね子
英文校閲者　Sarah Brock

はじめに

　私は，27年前に薬害エイズの被害者として実名を公表し，国と製薬会社を相手に訴訟を闘い，勝利しました。

　日本では薬害が数多く起こっていて，スモン，サリドマイド，クロロキンなどが繰り返し引き起こされてきました。AIDSは，「後天性免疫不全症候群」と呼ばれ，HIVの感染に起因した病気です。感染経路は性的接触，血液媒介，母子感染の3つ。潜伏期間は平均12～13年，その間に免疫力が次第に低下していき，体がさまざまな感染症や悪性の腫瘍に侵されるとエイズ発症となります。

　私は高校時代に将来のことを考えた時，裁判に加わり，なんとしても裁判に勝ちたいと思い，闘いぬきました。国を相手の裁判は勝てないと言われていましたが，諦めないで闘いました。私は，当時の闘いを基礎に若い人たちにメッセージを残したいと考え，1996年4月に *Ryuhei* と題した英語のテキスト（副読本）を出版しました。全国の数十万の高校生たちに読まれ，大きな反響を呼びました。そのテキストの初めの「著者からのメッセージ」で，私は次のように訴えました。

　「『仕方がない』という言葉を使わないでください。『まちがっていることはまちがっている』と言える人になってください。ぼくが高校時代やり残したことは，英語の勉強と本を読むことです。ぼくはできることをできるうちにしたいです」。

　あれから四半世紀が経ちました。でもこの間，政治的な基本構造は変わってきていません。「いのちが守られる政治」が行われておりません。相変わらず「いのちより利益が優先される国」です。子どもたちが未来に夢をもて，高齢者や障

「龍平君を支える会」でスピーチ

がい者が安心して暮らせ，労働者は誇りを持って働ける国になっていません。家や学校から笑い声が聞こえ，安全な水と食べ物，豊かな自然に守られて「ありがとう」が自然に言い合える社会になっていません。

　私は政治を根本から変えようと2007年7月に参議院議員になりました。すべての国民の命が等しく守られる社会を実現しようと努力してきました。2011年3月に起きた東日本大震災・津波では被災者の権利を守る「子ども・被災者支援法」を仲間の議員と一緒に取り組み成立させました。また薬の安全確保のため「臨床研究法案」の成立に尽力しました。「利益よりいのち」をモットーに，その他教育や医療，介護や保育，難病や障がい者のための課題に，最近は「ローカルフード法」の成立に取り組んでいます。

　今年2022年，ウクライナ戦争，コロナ禍で日本を含む世界が揺れています。「尊い人間のいのち」が毎日数千という巨大な単位で奪われていっています。この四半世紀の間にインターネットが急速に発達して「情報戦争」が行われ，私達は何が正しく，間違っているかを見極めるのが困難になってきています。でも困難な時代だからこそ，いのちを守るという原点に立ち返るのが必要になってきているのではないでしょうか？

　薬害エイズが世間を揺るがした1996年に出版した *Ryuhei* から四半世紀経ったこの2022年に前作 *Ryuhei* を改訂して政界入りして以降に取り組んだ政策と活動を紹介することにしました。この四半世紀に日本や世界の政治は社会的弱者や次代を担う子どもたちのいのちを大切にしてきただろうかを問いたいと思います。今，私自身は「いのちより利益優先」の旧態依然の政治が繰り返されているように感じてなりません。この際，国民特に次代を担う若い人たちに改めてメッセージを発したいのです。どうか皆さん，一緒にこのメッセージについて考えていこうではありませんか？

　2022年10月　　　　　　　　　　　　　　　　川田 龍平

Infection, Notification

AIDS
後天性免疫不全症候群。HIVの感染に起因した病気。感染経路は，性的接触，血液媒介，母子感染の３つ。潜伏期間は平均12~13年でその間に体内の免疫力が次第に低下していく。体が様々な感染症や悪性の腫瘍に冒されるとエイズ発症とされる。

"Mother, I have AIDS, don't I?" I asked my mom. I was just a fifth grader, but I knew other hemophiliacs had HIV. I had diarrhea and my lips cracked, so I had a feeling maybe I had it too. My doctor told my mother that I was infected with HIV. She was terribly troubled about how to tell me.

生後6か月，血友病と診断される

お兄ちゃんと一緒

I received unheated blood products since age three. Unheated blood products from the United States were tainted with the HIV virus that causes AIDS, and most countries stopped using them. But Japan kept giving them to hemophiliacs and others. That caused about 1,400 people, around 30% of hemophiliacs in Japan, to be infected with HIV.

My mother said quietly, "Ryu-chan, I'm sorry but HIV has got into your body. You've got a terrible disease besides hemophilia... but let's not give up!"

HIV
ヒト免疫不全ウィルス。エイズと呼ばれている病気の原因のウィルスのこと。

薬害エイズ事件
1983年～1985年に，血友病患者に対し「非加熱の血液凝固因子製剤」を使用したことにより多数のHIV感染者・エイズ患者を生み出した事件。日本では血友病患者の約3割に当たる1,400人がHIVに感染し，そのうち約600人以上が犠牲者になってしまったと言われる。

---

infection「感染」，notification「告知」，AIDS（Acquired ImmunoDeficiency Syndrome）「エイズ（キーワード参照）」，fifth grader「5年生」，hemophiliacs「血友病者」，HIV（Human Immunodeficiency Virus）（キーワード参照），diarrhea「下痢」，unheated blood products「非加熱の血液製剤」，kept giving them「それらを投与し続けた」，let's not give up「あきらめないでいようね」

先天的に凝固因子が不足し
ているため血液が凝固しに
くい病気。不足率によって
程度は様々だが，関節内へ
の出血による激痛を主な症
状とする。凝固因子を抽出
した血液製剤を注射するこ
とにより止血管理が行われ
る。日本には約5,000人の
血友病患者がいる。

I thought, "I knew it." I can't remember what I said after her talk. I remember my mother saying, "If AIDS develops now, you will die. But new treatments are coming. The most important thing is to stay healthy, so AIDS does not develop for a long time." ⁵

I answered, "If I get AIDS, I will kill myself. I don't want to suffer!" My mother was shocked, but she got my decision to start treatments to stop AIDS from developing. ¹⁰

小学校の卒業式で。母と

The AIDS stigma panic was happening. The mass media showed horrible pictures of AIDS effects, and people thought hemophilia = AIDS. Kids at my school had a bullying game called "Passing the Germ", and my classmates knew I had hemophilia. One day I leaned on a friend's desk. A boy shouted, "Hey, Ryuhei has touched your desk and has given you his dirty germs!" My buddy Shiro quickly yelled, "Stop it!"

Thanks to him, the bullying lasted only a day. I was glad to have a good friend like Shiro. But I felt despair because I dared not tell anyone about hemophilia anymore.

Since AIDS was incurable, I believed I had no future. I lived for the present, became self-centered, and did what I wanted. I had interferon shots twice a week to prevent AIDS developing. I suffered side-effects such as tiredness and high fevers, but at school I pretended nothing was wrong. People at my junior high school just thought I was a smart aleck. I stopped telling people I was a hemophiliac.

HIV感染とAIDS発症の違い
HIVに感染しているだけなら身体的異常は感じられず，仕事，勉強，遊び，食事にも何ら不都合はない。様々な感染症や腫瘍が発現しエイズ発症となると，症状の治療⇒回復⇒別の症状の発生を繰り返すようになる。最終的には治療が追いつかなくなり，死を迎える。

インターフェロン
免疫力の低下を防ぐためや肝炎の治療に用いられる医薬品。

---

traumatic「心的外傷の」，　**stay healthy**「健康でいる」，　**I will kill myself**「ぼく自殺するよ」，　**stigma panic**「烙印を押すような恐怖」，　**Passing the Germ**「ばい菌移し」，　**lean on**「よりかかる」，　**buddy**「親友」，　**Thanks to～**「～のおかげで」，　**felt despair**「絶望的になった」，　**I had no future**「ぼくには未来がなかった」，　**lived for the present**「現在のために生きた」，　**became self-centered**「自己中心的になった」，　**tiredness**「倦怠感」，　**smart aleck**「生意気」

Chapter 2
To Confess, To Trust

In October 1989, 14 HIV-infected hemo-
philiacs sued the Health and Welfare
Ministry and five drug makers. Plaintiffs'
names and faces were kept secret. I joined
the lawsuit in 1992. By then, about one-third ₅

中学時代。辛い日々だった

of the original plaintiffs were dead. Others
developed AIDS, or their immunity level,
CD4, dropped into the danger zone. Once it
falls below 200, it almost never rises. My
5 mother did everything about the lawsuit.
But I avoided the trials or reading about
AIDS.

In high school I liked a female classmate.
Hemophilia made me walk strangely, and
10 I was exempt from the school marathon.

---

to Confess「告白」，**to Trust**「信頼」，**sued the Health and Welfare Ministry**「厚生省を
裁判に訴えた」，**plaintiffs' names and faces**「原告の氏名や顔」，**about one-third of the
original plaintiffs**「最初の原告のおよそ3分の1」，**immunity level**「免疫水準」，**walk
strangely**「ぎごちなく歩く」，**was exempt from〜**「〜から免除された」

She deserved to know why, but I was scared she would reject me if I told her. In the end I told her, "I'm a hemophiliac." She just said, "Is that so?"

In our sophomore year, my girlfriend ₅ read that some hemophiliacs were infected with HIV. She asked, "If you have hemophilia, do you have HIV?" If she turned her back on me, I felt I would never get over it. But I wanted to trust her. Finally, I confessed, ₁₀ "I'm infected with HIV." She took it calmly and seemed to know how hard it was to tell

高校時代，クラスメートと

her. I felt saved from despair. This was the first time I felt I could face the future with HIV.

During our sophomore year, we had to decide about our senior year courses and goal universities. It made me face the reality of HIV again. I could not just live for the present. I began to think seriously about having a career and living with HIV—having a future, even a short one. I read up about AIDS and why I was infected.

The HIV suit had to be won, so me and other HIV victims could live with dignity—achieve life goals. But none of the plaintiffs disclosed their names or faces. The public would connect more with the issue if some plaintiff's faces were visible. I began to think that making my name public would help.

It takes courage to go public, and it risks a lot. It was hard just telling my girlfriend. But hiding my illness felt like I was living a lie. I decided to take it in stages and start coming out to my close friends.

HIV訴訟
HIV感染被害を受けた血友病患者およびその遺族が, 非加熱製剤を危険だと知りつつ売りさばいたとして製薬5社と, その監督責任のある厚生省を相手取り, 損害賠償を求めて, 1989年10月に東京地裁に起こした民事訴訟。1996年3月に被告の製薬会社が全面的に責任を認める形で和解が成立し, 国も被害者救済に全力を尽くすことを約束した。

---

deserved to know why「なぜか〜を知る人に値した」, **In the end**「ついに」, **sophomore year**「2年生」, **If she turned her back on me,**「もし彼女が私に背を向けたら」, **get over it**「立ち直る」, **felt saved from despair**「絶望から救われたと感じた」, **read up about〜**「〜に関して徹底的に読んだ」, **me and other HIV victims**「私や他のHIV被害者は」, **with dignity**「胸を張って」, **connect more with〜**「〜にもっと関心を持つようになる」, **It takes courage to go public**「実名公表は勇気がいる」, **was living a lie**「偽りの人生を送っていた」

Chapter 3
Coming Out in Public

I spent a year at a *juku* to prepare for university entrance exams, and I often took a break and went bowling with friends. I wanted to tell them about having HIV. But I kept putting it off and missed chance after 5 chance. One evening after bowling, my friend Takanobu and me said goodbye to the others and stood chatting outside my apartment complex. It was a good chance to tell him, but it was hard to find the words. 10

Finally, I said, "I have something to talk to you about." I told him everything. He said, "I don't care what you have. You're the same person to me. It won't change our friendship. And I'm not going to pity you!" 15 I was uplifted because I knew he meant it. Telling him gave me the courage to tell other friends.

In 1994, I attended the 10th International Conference on AIDS in Yokohama, meeting 20 HIV-infected people from other countries. They did not hide their faces. I was

小平高校ブラスバンド部，定期演奏会

deeply impressed with them. One American speaker said that his three daughters told him, "Dad, you used to say, 'be honest.' But why can't you be honest?" He decided to
5 make his name public and fight the disease.

Jonathan, an American boy was born premature in Denver, Colorado in 1983. He was given a transfusion tainted with HIV. I read his book, *My Name Is Jonathan (and*
10 *I Have AIDS)*. I admired his courage but

ジョナサン(Jonathan)
出生時に未熟児治療のため
受けた輸血が原因でHIVに
感染したアメリカ・コロラ
ド州生まれの当時12歳の
少年。『ぼくはジョナサン
…エイズなの』という本を
出版し，以後，エイズ啓発
活動に活躍。彼を支持する
会が1992年日本でもつく
られた。

juku「予備校」，　**missed chance after chance**「次々とチャンスを逃した」，　**I don't care what you have**「お前が何を持っていようと俺はかまわないよ」，　**You're the same person to me**「お前は俺にとっては同じ人間だよ」，　**I was uplifted**「ぼくは気分が軽くなった」，
International Conference on AIDS「国際エイズ会議」，　〜 **used to say 'be honest'**「〜はかつて『正直であれ』と言ったよね」，　**why can't you be honest?"**「なぜあなたは，正直になれないの？」，　**was born premature**「未熟児で生まれた」，　**blood transfusion tainted with HIV**「HIVに汚染された輸血」

ジョナサンと一緒に

felt ashamed. I thought, "He's just a kid, and he's doing so much. I'm much older and I'm doing nothing!"

At the conference, everyone made a promise— "No more silence!" For me it meant speaking up in front of people, not just to my friends, and speaking for myself.

My mother was nervous about speaking at the American National Academy of Sciences. I told her, "I'll go instead." She

5

1

said, "No. You have to study for your entrance exams." I realized it was strange that she was speaking for me. I knew I should use my own voice.

I passed for Tokyo Keizai University, and then I went public. I revealed my name in March 1995 and gave a press conference. Many people were deeply moved to see me on TV. Old teachers and school friends called to support me.

I didn't do it to get attention. I wanted to bring attention to the HIV lawsuit and let people know that around 1,400 hemophiliacs and others received tainted blood products in Japan, getting infected with HIV and suffering and dying from AIDS.

AIDS is a sexually transmitted disease (STD) that develops as immunity level falls. It is not easy to catch. But AIDS is stigmatized, and people with AIDS face discrimination. Many HIV-infected hemophiliacs did not join the lawsuit for fear of discrimination and prejudice, even from some doctors.

薬害
投与されると容認できない重大な症状を起こすと予見されながら, 危険性を偽り引き起こされる医薬品被害。サリドマイド (61年), キノノホルム (スモン) (70年), クロロキン (71年) などと繰り返されてきた。

No more silence「ノーモアサイレンス（黙っていてはいけない）」, American National Academy of Sciences「全米科学アカデミー」, go instead「代わりに行く」, went public「実名公表した」, were deeply moved to see me on TV「テレビで私を見て感動した」, sexually transmitted disease (STD)「性感染症」, is stigmatized「烙印を押される」, discrimination「差別」

I didn't want to come out in high school, so I knew how they felt. I don't think people who go public are braver than people who don't. It's a valid choice to stay private, a brave choice too. People should only go public if they understand and accept the risk.

I'm glad I came out. People my age became aware the blood products scandal and AIDS. It became their issue too, not just something happening to other people. Another reason I am glad is the letters. One person wrote, "I wanted to kill myself. But I read about you, and it gave me courage to live." Another said, "My classmates bullied me, and I didn't want to go to school anymore. You encouraged me to go to school again." I gave people courage, and they gave me courage in return. By giving lectures I met many people and went places I would never have experienced. My world grew bigger by coming out.

---

people who go public「実名公表する人」, stay private「秘密にしている」, people my age 「私と同い年の人」, became their issue「彼ら自身の問題となった」, gave me courage to live「私に生きる勇気を与えた」, grew bigger「大きく広がった」

1995年３月６日　実名公表記者会見

Chapter 4
Making Responsibility Clear

Our campaign supporting the lawsuit spread across the country. On July 24, 1995, 3500 people formed a Human Chain around the Ministry of Health and Welfare in Tokyo.

We demanded that the ministry admit ₅

厚生省前で訴える

「人間の鎖」でともに歩く

responsibility and apologize for letting tainted blood products be used. I spoke from a sound truck: "More than 360 hemophiliacs who got HIV from tainted blood products have died. One dies every five days. What are you in this building working for? I want you to give top priority to health and lives of people. We want you to apologize to us now!"

5

人間の鎖 (Human Chain)
1995年7月24日 の 炎 天下，エイズ訴訟の原告や支援者約3,500人が手をつないで厚生省のビルを取り囲み，謝罪を求めた一大行動。これを機に支援運動が盛り上がり，世論を動かし，東京HIV訴訟を勝利の和解に導いた。

Human Chain around the Ministry of Health and Welfare「厚生省（のビル）を取り巻く人間の鎖」，**apologize for letting tainted blood products be used**「汚染された血液製剤を使わせてしまったことを謝る」，**give top priority to ~**「～を最優先させる」

1995年10月7日　ラップパレードで

We asked that officials reveal documents related to HIV-tainted products and do internal investigations, and not protect drug companies. We asked that the ministry punish drug companies that kept on selling ⁵ tainted blood products after dangers were known. We asserted that resolution could only be achieved by admitting responsibility and making sincere apology, and providing immediate, sufficient compensation, medi- ¹⁰ cal treatment and relief measures to victims.

In 1995, I went to Kagoshima to give a lecture and visited the Peace Museum for

Kamikaze Pilots. The exhibition seemed designed to make war seem cool. I heard a senior citizen say, "The young people today don't look tough like these pilots." The photos of young pilots depicted them as heroes.

Since coming out, I was sometimes pictured as a hero. But I prefer that the media report that many patients still cannot make their names public. I also want people to know why such a tragedy happened. As former German President Richard von Weizäcker said, "Anyone who closes his eyes to the past is blind to the present."

The lawsuit made me consider the word "responsibility." Why does Japan avoid responsibility for past mistakes? There are many good points about Japan, but unclear responsibility is one of the worst things about our country.

I don't like to think that I was unlucky to be born in Japan.

---

reveal documents related to~「~に関する書類を公表する」, internal investigations 「内部調査」, kept on selling 「売り続けた」, admitting responsibility 「責任を認めること」, making sincere apology 「誠実な謝罪をすること」, Peace Museum for Kamikaze Pilots 「知覧特攻平和会館」, don't look tough like~「~のようにりりしくは見えない」, depicted them as heroes 「彼らを英雄として描いていた」, the media report that ~「メディアが~であると報道する」, Anyone who closes his eyes to the past is blind to the present. 「過去に目を閉ざす者は現在に盲目となる」, avoid responsibility for past mistakes 「過去の過ちの責任を避ける」, unclear responsibility 「責任を明確にしないこと」, I was unlucky to be born in Japan 「日本に生まれて不幸だった」

Chapter 5
My Life, My Future

I planned to become a social studies teacher and teach that the tainted blood products tragedy was a man-made disaster,

中学校での講演の
後で

affecting not just HIV victims but all society. It happened because of the current social structure. Japanese society needs to change. But society won't change unless individuals
5 change. If people learn to think and take responsibility, they won't avoid responsibility at work and in government. People need to speak up and say what's wrong is wrong and learn to take responsibility.

10 People my age saw me on TV and thought, "How can such a person have AIDS?" They felt pity at first, but as they learned about the issues, pity turned to anger. Pity did not energize their support of the campaign to
15 force the government to take responsibility for tainted blood products. They did it to protect their own lives and rights and to keep similar mistakes from happening.

My mission now is: As long as I'm well, I
20 want to tell people why I was infected. By speaking about my story, I want the next generation to think, who was responsible for the tainted blood products, and why did hemophiliacs die of AIDS?

1995年12月10日
小平での講演会で

---

man-made disaster「人災」, **take responsibility**「責任を取る」, **say what's wrong is wrong**「悪いことは悪いと言う」, **felt pity at first**「最初は哀れみを感じた」, **energize their support**「彼らの支持を活気づける」, **keep similar mistakes from happening**「同じ過ちを起こさないようにする」

1995年　講演会場で構想を練る

When I was 10, I didn't think I would live to adulthood, but I turned 20 (came of age) on January 12, 1996. However, hemophiliacs with HIV are not tough. Hemophiliac friends with HIV have died one after another. Some still living are no longer able to walk, others went deaf or blind.

I hear their sad news or feel in bad condition, and I think about death. I will reach that stage eventually. Everybody dies in the end. But dying naturally and dying from government and drug company negligence are quite different. I don't want to be killed. I just want to live!

My immunity level, CD4, was less than 300 in 1995. If it falls below 200, I will develop AIDS. But I don't give up having life goals. I aim to live each day meaningfully. I will go to places as long as I can walk. I will talk as long as I can talk. I will write as long as I can write. I have no time to be afraid. I will do whatever is possible as long as I'm alive!

CD 4値
人の免疫力を表す値で,
1mm^{3}の血液中にこのCD
細胞が何個あるかを示す。
健康な成人の値は約
1,000。HIVに感染すると
この値が次第に減少し,
200を切るとさまざまな感
染症が起きやすくなる。

---

live to adulthood「大人になるまで生きる」, **turned 20 (came of age)**「20歳（成人）になった」, **reach that stage eventually**「究極的にその段階（死）に達する」, **as long as**～「～する限り」, **have no time to be afraid**「不安を感じている暇などない」, **whatever is possible**「できることは何でも」

Chapter 6
Studying in Germany

Study Ambitions

After the HIV blood products lawsuit victory, I continued attending trials and giving lectures. Around this time I began to think about studying abroad.

1996年　バンクーバー国際エイズ会議に参加

In *What is Affluence?* by Itsuko Teruoka, I read that in Germany, people work shorter hours than in Japan and enjoy a four-week paid vacation leave every year. I wanted to go to Germany and find out for myself why they can have that kind of healthy work style. I also wanted to see for myself how Germany changed when East and West Germany reunited.

War responsibility—Japan vs. Germany

In July 1996 I published *The Present of Ryuhei*. Then I attended a meeting of the International AIDS Conference held in Vancouver. After that I joined a sex education seminar tour of Europe.

At the conference I learned that developing countries in Asia and Africa cannot provide appropriate treatment to people who develop HIV. But Japan has no excuse for the fact that alone of the developed countries, the number of HIV cases is rising. More than 1,000 people get infected with HIV in Japan each year, and one person at least dies every day.

---

studying abroad「海外留学」, *What is Affluence?* by Itsuko Teruoka「豊かさとは何か」暉峻 淑子著, paid vacation leave「有給休暇」, a sex education seminar tour of Europe「ヨーロッパ性教育セミナーの旅」, get infected with ～「～に感染する」

1998年　性教育ツアーでビーゲラン彫刻公園にて

During the sex education seminar tour, I realized that even though in Japan HIV is classed as an STD (Sexually Transmitted Disease), Japanese sex education textbooks talk about HIV as a blood or blood products risk instead of an STD. There is no explanation of how it is transmitted through sexual intercourse or that condoms help keep sex partners safe. In class, teachers don't give clear facts about sexual intercourse or condom use.

Meanwhile, the age of first sexual experience is getting lower every year and STDs are increasing among young people. I took the tour because I was passionately interested in shifting the discourse about sex education. Instead of making sexual intercourse embarrassing or shameful, we can teach sex education valuing human life, and teach young people how to keep themselves safe when they start being sexually active.

During the tour, I visited Dachau Concentration Camp. In a large compound are foundations of the former camp, several barracks and incinerators. The museum

---

is classed as ～「～に分類される」, sexual intercourse「性交」, shifting the discourse 「言説を変える」, making～embarrassing or shameful「～をきまりの悪いもの, 恥ずべきものとする」, Dachau Concentration Camp「ダッハウ強制収容所」, foundations「土台」, incinerators「焼却炉」

1998年　性教育ツアー。オランダで母と

displays disturbing images of human experiments and victims executed by firing squad.

In Japan, people complain about war damage but avoid responsibility or discussion of scandals such as Military Unit 731. The truth about war is not passed on to following generations; it is obscured. Such a tendency results in man-made medical disasters such as HIV-tainted blood products. When the government fails to be accountable, people die. Terrible as the Dachau images were, I was impressed by how Germany tries to pass on the truth about war and responsibility to young people by preserving Dachau and other camps.

Lessons from Germany

I moved to Germany, and six months later started living in my own apartment. I studied German at Kern City Community Center with students from many countries, including Russian, Spanish and Arabic speaking countries. I made efforts to talk with them in German, and it helped me enhance my speaking abilities in English and German.

On weekends I rested for hours exhausted in my apartment reading Japanese newspapers and books. TV news reported conflicts in Kosovo and Iraq. A Kurdish friend from Iraq told me, "I won't be able to go back home because I'll be killed." His words shocked me. I was able to understand race

---

disturbing images of human experiments「心がかき乱されるような人体実験の写真」, **firing squad**「銃殺隊」, **Military Unit 731**「731部隊」, **is not passed on**〜「〜伝えられない」, **HIV-tainted blood products**「HIV感染した血液製剤」, **Kern City Community Center**「ケルン市コミュニティセンター」, **helped me enhance**〜「〜を向上するのに役立つ」,

and religious conflicts much better when I lived in Japan.

On March 24 1994, NATO forces started air strikes against Serbia. I didn't think that Serbian forces would attack Germany, but I felt the strain of war happening close to me.

In May 1999, I attended the Hague Peace Citizens Conference. The conference adopted an agenda: All governments should resolve to renounce war like Article 9 of Japan's Constitution. For the first time, Article 9 sounded so powerful to me!

---

the Hague Peace Citizens Conference「ハーグ平和市民会議」, **Article 9 of Japan's Constitution**「日本国憲法第9条」

1998年　性教育ツアーでベルリンの壁の前にて

Chapter 7
From Education to Government

Mother Enters Political World

In September 2000, my mother sent me an Email that she was going to run for the Lower House by-election. I rushed back to Tokyo and was soon making campaign flyers and letters. I purchased a cellphone and got cracking on telephoning friends seeking support for my mother. 700 volunteers helped us run the campaign. Film stars and statespersons including Atsuo Nakamura and Yasuo Tanaka came to cheer us on.

On October 22, my mother won the election with about 51,000 votes. The voter turnout was about 40%. She asked me to become her temporary secretary, and I agreed. On October 25, she went up the stairs of the Diet building for the first time.

Political Involvement : Japan vs. Germany

I learned a lot of surprising facts by participating in that election. In Germany,

2000年10月　母の当選が決まった

awareness of current politics is high, and
students express their own opinions on poli-
tics and elections. German universities have
student self-government associations and
5 chapters of political parties, and students

run for～「～に立候補する」, **Lower House by-election**「衆議院議員補欠選挙」, **campaign flyers**「選挙チラシ（選挙法定ビラ）」, **got cracking on**～「～に急いで取りかかった」, **statespersons**「政治家」, **came to cheer us on**「私達の応援に来てくれた」, **voter turnout**「投票率」, **temporary secretary**「暫定秘書」, **awareness of current politics**「現在の政治への意識」, **student self-government associations**「学生自治組織」, **chapters of political parties**「政党支部」

assert opinions on political issues, refugee issues and peace-related problems in class discussions. Students turn out to demonstrate against government policies they disagree with. [5]

The situation in Japan couldn't be more different. Japan's voter turnout for national elections has declined to around 50% in recent years. In Germany, national election voter turnouts are around 70−80%. [10]

Comparing voter turnouts of people in their 20s, in Japan it was 66% in 1967 but decreased to around 36 % by 2021. In Germany age 20s turnout is consistently 80−90%. Japanese age 20s don't vote because they [15] think their votes won't make a difference. They avoid political topics in daily conversation. Politics is not a school subject and educators discourage students from political activity. [20]

---

peace-related problems「平和関連の問題」, turn out to demonstrate「デモに繰り出す」, couldn't be more different「かなり異なる」, won't make a difference「影響を及ぼさないだろう」, all age groups「全年齢層」

Voter Turnouts in the past Japanese Lower House elections
(People in their 20s and those across all age groups)

Year	1967	1976	1990	1996	2003	2009	2014	2017	2021
People in their 20s	66.7	63.5	57.8	36.4	35.6	49.5	32.6	33.9	36.5
All age groups	74.0	73.5	73.3	59.7	59.9	69.3	52.7	53.7	55.9

Source: Ministry of Internal Affairs and Communications

2001年　母の事務所で

Legislation for Human Life —Drug Disasters to 3.11

Preventing Man-Made Medical Disasters

I have a deep conviction that the government and the people will change, as long as people affected by drugs continue to raise their voices. In my case, the drug hazard is all about blood. My involvement in politics began with how I spoke out about problems that happened to me.

Healthy people stop bleeding because their blood clots. But hemophiliac's blood does not clot without adding blood factors. The safest blood factors are from Cryoprecipitate or Cryo, made with frozen blood plasma from single virus-free donors. But only one donor's blood plasma is very low in quantity.

From the 1970s, new centrifuge technology made it possible to separate clotting factors. But this was very unsanitary because it was made from 10,000 unheated blood samples.

The US Government stockpiled large

2008年　知床へ視察に行く

amounts of blood for soldiers serving in the
Vietnam War. After the war ended, the US
used the blood to make inexpensive blood
products and sold them on the international
5 market. Blood supply researchers warned
that the blood products were dangerous be-
cause they had never been heated and could
contain hepatitis C and HIV viruses.

In spite of the warnings, Japan purchased
10 blood and blood products including
clotting factors, and they were used on me
as a child. Because the facts were concealed
from most of the doctors and my parents
were not informed, I became a victim of
15 drug-induced AIDS.

Man-Made Medical Disasters「人為的薬害」，　**their blood clots**「彼らの血液が凝固する」，
blood factors「血液因子」，　**Cryoprecipitate or Cryo**「クリオプレシピレート，あるいはク
リオ」，　**blood plasma**「血漿（けっしょう）」，　**virus-free donors**「ウイルスを含まない血液ド
ナー」，　**centrifuge technology**「遠心分離技術」，　**hepatitis C**「C型肝炎」

This medical disaster made me dedicate myself to helping people's lives, and fully take advantage of Article 25 of the Constitution that ensures and defends people's lives. ⁵

Upper House Election, Becoming a Lawmaker

From 2000 to 2003, I worked as my mother's secretary. I saw her struggle in the Lower House, where she was trying to change laws to prevent drug disasters. I decided to run for office myself and become an Upper House lawmaker.

堤未果さんとの出会い

Tokyo Upper House elections are very competitive. There are five Upper House members for the district. I ran as an independent candidate, without connections, power, or funds. People around me thought winning was impossible. But like coming out during the AIDS trial, my strong desire to change society kept me going. Thanks to young supporters from the AIDS lawsuit and election volunteers, I won the election. I gained 683,629 votes to become a lawmaker!

An independent Diet member's life is quite busy. This is because, unlike members of other political parties, I have to organize everything for myself. Days spin at high speed without a break. I do inspection trips, have meetings and study conferences, and meet supporters. From morning till night work and study never stop.

Internal joint bleeding from hemophilia and side effects of anti-HIV drugs kept me in continual pain. I carried out my duties every day trying not to scream. I kept going because of the people who worked for me

---

take advantage of~「~を活用する」， **Article 25 of the Japanese Constitution**「憲法25条：第2項　国は,すべての生活部面について,社会福祉,社会保障及び公衆衛生の向上及び増進に努めなければならない」， **run for office**「選挙に立候補する」， **ran as an independent candidate**「無所属候補として出馬する」， **kept me going**「(その想いがあったので) 前に進み続けることができた」， **inspection trips**「視察旅行」， **Internal joint bleeding**「関節内の出血」， **side effects**「副作用」， **trying not to scream**「叫び声をあげないようにしながら」，

and with me when I was on the brink of giving up. They were comrades who shared with me a lifelong goal of making Japan a country that protects life by changing things from the inside. One of them would change my life. ⁵

Marrying a Journalist

I first found out about her during the highly contested election in 2007. My mother gave me a copy of the book *Hope Given by Ground Zero* (Mika Tsutsumi, POPLAR, 2004) written by an international woman journalist. When I read her book, something struck a chord. I asked Mother for the author's contact information and managed to get an appointment to meet her. ¹⁰ ¹⁵

'Ground Zero' in her book title was the site of the World Trade Center in New York, which collapsed during the 9.11 terrorist attacks in 2001. The author witnessed the tragedy on the spot and suffered from PTSD. But she wrote with a deep vision of human life and strong, unbroken belief in humanity. ²⁰

While reading the book, I felt a hunch that we had something in common. On our first lunch date in 2007, I knew it. I thought I would not live long and had given up on the dream of marriage and a family. But on our ²⁵ second date, I asked her to marry me.

She gazed at my eyes for a moment, and said, "If you want to marry me, there's one condition. You have to live longer than me, even for a day." She added, "Live longer and achieve something, and try to continue watching for something farther than where you are now."

I was speechless. People around me silently assumed I would have a short life ; nobody had ever said anything like that to me. I usually told interviewers those days that I wouldn't be able to live long. I promised her, "I will live even one day longer and protect you."

堤未果さんと

It's been fourteen years. I often laugh at home now. My immunity level rose steadily, and now it's higher than my doctor's. My habit of saying "I can't live long" changed to "I will live long because I want to do something." My wife cooks food that boosts my immune system, and she supports my work as a member of the Diet. But the treasure she gave me was the reason to live.

Since meeting her, I realized that though

---

was on the brink of giving up 「あきらめそうになった時に」．　during the highly contested election 「激戦の選挙中」．　something struck a chord 「何かが心に刺さった」．　PTSD 「心的外傷後ストレス症候群」．　a hunch 「直感」．　we had something in common 「私たちは通ずるものがあった」．　gazed at my eyes 「私の目をまじまじと見た」．　My immunity level 「私の免疫数値」

a victim of a man-made disaster, I'm the one who gives it meaning. The spirit of her words gave me the power to put my life in gear. Never again will I say, "I can't live long." The promise I made to her lit up my life. Today we live with our two cats, working hard to leave a hopeful society for many children.

3.11 Earthquake and Legislation for Children

The Tohoku Earthquake and Tsunami disaster on March 11, 2011 left about 20,000 people killed or missing and caused the Fukushima Daiichi Nuclear Disaster. That July in the Diet, professor Kodama Tatsuhiko from the Tokyo University Internal Medicine Isotope Center submitted to the Government significant evidence about radiation dispersion and long-term effects on DNA of people exposed to radiation. He made it clear that the radiation from the Fukushima Disaster was much more serious than politicians thought.

Kodama warned that a man-made radiation disaster risked happening unless the government took countermeasures, and that women and children were especially at risk. He urged the Diet to realize four goals: (1) complete radioactivity monitoring (2) radiation inspection of food (3) protection of children from radioactive food (4) protection of women and children from exposure to radiation in the environment.

Kodama's speech shocked me immensely. I knew I had to understand the scientific background of the Fukushima Nuclear Disaster. I thought I had to act assertively to help all disaster victims get assistance and compensation without being forced to prove every point of their application.

Social Democratic Party lawmaker Abe Tomoko and I immediately called on Diet members of other parties to make a new law. We continued to visit individual chambers of other members of Parliament to explain the bill and urge them to support it. We also made efforts to arouse public opinion by attending rallies and symposiums. After a year of bargaining, on June 21 2012 the Diet unanimously approved a new bill—the Child Sufferers Support Law.

---

put my life in gear「人生にギアを入れる」， **Never again will I say** 〜「私は〜とは決して言うまい」， **lit up my life**「私の人生に火を灯した」， **the Fukushima Daiichi Nuclear Disaster**「福島第一原発事故」， **professor Kodama Tatsuhiko from the Tokyo University Internal Medicine Isotope Center**「東京大学アイソトープ総合センターの児玉龍彦教授」， **radiation dispersion and long-term effects on DNA of people exposed to radiation**「放射線分散と放射線被曝者のDNAの長期的影響」， **took countermeasures**「対応策を講じた」， **exposure to radiation**「放射線被ばく」， **to prove every point of their application**「適応のあらゆる点を立証すること」， **Social Democratic Party lawmaker Abe Tomoko**「社会民主党の阿部知子議員」， **the Child Sufferers Support Law**「子ども被災者支援法」

Organic Farming and Food Issues

Protect Children from Agrochemicals

Medical disasters risk happening continually, and one affecting children is agrochemicals. New agrochemicals are constantly being developed and released without sufficient testing.

Chinese-American Zen Honeycutt realized that one of her three children suffered developmental disability. The child ate foods produced using agrochemicals, unlike the other two children. Zen started a campaign to eliminate agrochemicals in America. So in Japan, what is happening to guard children from agrochemicals?

Organic food is raised using as few pesticides and other agrochemicals as possible, ideally using none at all. But it requires a bit more work than conventionally raised food. In Japan, from 2009 to 2017, the total area of organic farms (certified and non-certified) increased by 43%, and certified organic farms rose 19%. However, that is only 0.6%

木更津市で山田勝彦衆議院議員（左端）と学校給食を視察

of the total farm area. Organic farming is still very small in Japan.

Pesticide-free Rice for School Lunch: Jump-Starting Organic Farming

Three cities— Imabari in Ehime Prefecture, and Kisarazu and Isumi in Chiba Prefecture—started using pesticide-free rice in city-run school lunch programs. The three cities also started supporting farmers going organic. Especially, Isumi City provides 100% organic rice for school lunch, and a

---

Organic Farming「有機農業」，　**Food Issues**「食料問題」，　**risk happening**「起こる危険性がある」，　**one (of them) affecting children**「子どもたちに影響を及ぼすひとつ（の薬害）」，　**agrochemicals**「農薬」，　**developmental disability**「発達障害」，　**eliminate**「根絶する」，　**guard**「守る」，　**pesticide**「殺虫剤」，　**conventionally**「従来」，　**certified and non-certified**「公認・非公認」，　**Jump-Start**「活性化させる」

有機農業
農薬や化学肥料に頼ること
なく自然な土づくりを行っ
た上で農産物を作る農業形
態。
ローカルフードサイトの
ＵＲＬ：
https://localfood.jp/

number of families are moving into the city.

Farmers are realizing the positive side of growing local organic rice. As more towns and cities start purchasing organic rice, many farmers around Japan are shifting to organic rice production. The nationwide movement towards organic farming needs legal and practical support from the government. That is why we have started working on the Local Food Promotion Bill.

Protect Seeds—Local Food Promotion Bill

The Major Agricultural Seeds Law promoted stable production and distribution of seeds such as rice, wheat, and soybeans in Japan. But the law was repealed in 2018. At present, the country has no system in place for assuring the stable production and supply of these seeds. However, some local governments have enacted their own seed ordinances to prevent seeds from being monopolized by some Japanese or foreign agricultural companies.

Seeds have to be preserved at correct low temperatures and sometimes in an oxygen-free environment. They have to be monitored to check viability. Seeds will not remain viable if stored too long; they must be planted, grown, produced, and harvest-ed, and stored again. It is important to use the seeds to produce crops, and the seeds must be supplied to the farmers. Self-collected seeds are very vital for organic farming and revitalizing agriculture. If we can achieve a cycle of local food production and consumption, Japan can make the next step towards agricultural environmental protection.

In 2022, to protect organic farmers and organic food in school lunches, me and other concerned members of Parliament designed the Bill for Local Food Promotion. It aims to create a support system for seed farmers and organic farmers, making organic farming more sustainable. The bill also encourages using organic food in school lunches and other food programs, giving farmers steady markets for organic crops.

Local food is exciting and enjoyable. Some local communities in the world celebrate the Local Food Movement by holding 'Localization Days.' The Local Food Promotion Bill aims for 'Localization', the

---

Local Food Promotion Bill「ローカルフード促進法」, **Major Agricultural Seeds Law**「主要農作物種子法」, **repeal**「廃止する」, **ordinances**「条例」, **preserve**「保存する」, **oxygen-free environment**「無酸素の環境」, **viability**「生育状況」, **vitalize**「活性化する」, **Localization Day**「ローカリゼーション・デー」

opposite of 'Globalization.'

Agroecology: Produce and Consume Food Locally

The case of Imabari school lunches [5] shows how agroecology functions. The elementary school students learn about eating locally produced organic food and notice how much better school lunch rice and vegetables taste. Students realize that [10] their lunches support organic farming.

In Imabari, students told parents about their improved school lunches. The parents started buying locally produced rice and vegetables, even if they were a bit more [15] expensive. That encouraged local farmers and local agriculture. As more people choose to buy the locally produced food, the so-called 'locally-produced and locally-consumed food' has started, growing to [20] be a 'cycle.'

Globalization「グローバリゼーション」, the opposite of ~「~の反対語」

本会議場で質問

Chapter 10
Messages to Young People

I would like to make the last chapter into messages for those who read this book, especially young people.

1. Read More Books and Listen to Other People

It's so easy to use Twitter or Instagram, clicking on what interests you and blocking whatever you don't want to see. But clicking only because of attraction or stimulus leads to addiction; it becomes hard to break away from electronic media and interact with real people in real time and real space.

Most of you, especially young people, want to enrich your lives by having healthy human relationships. That requires you to get involved with people with diverse opinions and get out of your comfort zone.

Speaking out is important; having your own opinion is important. But besides speaking your own opinions, you need to learn to listen. Listen to what others say, and

国会前で子ども達と（田畑奈那国会見学ご一行様）

instead of pointing out their faults, respect their stance. Having talks and serious speech with people creates richer and better relationships. It's not just talking with people online whenever and wherever.

You, if you try, can gain complex information with multiple views. The more you read books and newspapers, the easier it is to form your own opinions and decide for yourselves what is right and wrong. I encourage you to read more books and listen more seriously to other people.

---

stimulus「刺激」，**addiction**「中毒」，**break away from electronic media**「電子機器から逃れる，離れる」，**get involved with** ～「～と関わる」，**diverse opinions**「多様な意見」，**complex information**「複雑な情報」，**the more ..., the easier** ～「もっと…すれば，ますます～しやすくなる」

1995年10月7日　渋谷ラップパレードで

2. Know Your Constitution —
The Foundation to Protect Human Life

In 2022, 15 years have passed since I became a lawmaker. I drafted the Clinical Research Law designed to strengthen drug safety checks, and the Child Sufferers Support Law intended to make health checks for children after the Fukushima Nuclear Accident the government's responsibility. I drafted all these bills based on the Constitution, which is the foundation to protect human life.

Today, there is a growing debate about constitutional revision. Ultimately, the nation's greatest role is to protect the lives and health of the people. But my doubts grow bigger every time I hear news that the government has concealed or falsified what the public should know.

After a change of government, I asked the prime minister during a Diet session, "What did this country learn from the AIDS disaster caused by concealing life-threatening information?" Then, he didn't give me a clear answer. I frequently see prime ministers mumble answers at Diet deliberations,

---

foundation「礎（いしずえ）」， **drafted**「立案した」， **Clinical Research Law**「臨床研究法」， **designed to** ～「～するよう策定された」， **intended to** ～「～することを意図した」， **ultimately**「究極的に」， **constitutional revision**「憲法改正」， **every time I hear** ～「私は ～を聞くたびに」， **falsified**「改ざんした」， **life-threatening**「いのちを脅かす」， **mumble**「ボソボソ言う」

looking down without meeting my eyes.

It's important to know your Constitution, to understand ongoing issues and how to protect your life and your rights. Three Articles of the Constitution are very impor- 5 tant to me.

Article 9 reminds us of what true pacifism is, without letting the memories of past wars fade away. **Article 25** is all about keeping people's life and health, and guarantees 1C maintaining the universal health insurance system. **Article 99** stipulates the Diet members' obligation to respect and uphold the Constitution.

I feel that abolishing any of these Articles 1E is out of the question.

3. Joining with Others: Never Give Up

For many years after notification of HIV infection, I was in despair. No matter what I 2C did, I felt like my life was going to waste. I watched my friend with AIDS dying in the bed next to mine in the hospital, and thought it was my future. Now I think, "I'll change the world before I die." My mind changed 25 because of joining with others—supporting others and being supported by others.

In 1994, I was inspired to join the Japanese student support group of Jonathan Swain,

The Japanese Constitution

[Article 9] ① Aspiring sincerely to an international peace based on justice and order, the Japanese people forever renounce war as a sovereign right of the nation and the threat or use of force as means of settling international disputes.

② In order to accomplish the aim of the preceding paragraph, land, sea, and air forces, as well as other war potential will never be maintained. The right of belligerency of the state will not be recognized.

[Article 25] ①All people shall have the right to maintain the minimum standards of wholesome and cultured living.

②In all spheres of life, the State shall use its endeavors for the promotion and extension of social welfare and security, and of public health.

[Article 99] * The Emperor or the Regent as well as Ministers of State, members of the Diet, judges, and other public officials shall have the obligation to respect and uphold this Constitution.

---

pacifism「平和主義」, universal health insurance system「国民皆保険制度」, stipulate「規定する」, uphold「擁護する」, abolish「廃止する」

the 12-year-old boy infected with HIV. I became a supporter myself. That led to making my name public the following year.

In 1995, the Ryuhei Supporters Group was formed. Knowing that I was supported by others helped me keep going. In 1997, I organized a group called Ryuhei Kawada and Human Rights Activists. This group is unusual, because it's made up of independent members who mutually support other members.

On entering the Diet in 2007, I set up a group, Protect Our Lives with Ryuhei Kawada. The ideal of the group is that the role of government is to make people happier. This can happen when human life is prioritized over making profit and people support each other.

Doctors told me I had short life expectancy, but I am alive in my 40s thanks to people's support, helping me lead a healthy life. The HIV-tainted blood scandal resolution convinced me and my supporters that if politics change, society can change. I will spend my whole life creating a country where everyone can truly say, "I'm glad I was born in Japan."

Lastly, I'd really enjoy it if I could sit down with readers, especially young people.

「川田龍平と命を守る会」の人たちと

My question would be, "Do you think it is okay for Japan to continue on its current path?" I don't care if your answer is yes or no. I would say, "Why don't we stop and think about it together?" I'd love to hear your opinion; and I feel that a new path can be opened up through our dialogue.

Even if we get discouraged along the path, let us keep taking forward steps. Act doing what we can, when we can, talking and joining together, without giving up. This is the way to protect our lives.

---

helped me keep going「私を前に進ませた（私を後押ししてくれた）」, prioritize「優先する」, life expectancy「余命」, through our dialogue「対話を通じて」, get discouraged「くじける」

One Thing I Would Like to Tell You

Poem by Emi Tsutsumi

I have one thing that I would like to tell you
Your country made one promise long before you
were born
────── We won't make any war

No one in this country will be killed by any
foreign people
No one in other countries will be killed, either
What a brilliant promise!

You that were born in this country
────── have been raised in peace under such a
promise
To keep a promise is not easy

In order to have your children brought up in
peace as you were
For keeping this promise,
It is our responsibility to maintain the courage
and wisdom

This is what I would like to tell you now

つたえたいことがあります

詩：堤　江実（＊）

あなたにつたえたいことがあります
あなたの国は　あなたが生まれるずっと前に
一つの約束をしました
―――もう決して戦争はしない

この国の人は誰にも殺させない
ほかの国の人も　だれも殺させない
なんてすてきな約束でしょう

生まれたあなたは　その約束に守られて
平和の中でそだちました

約束を守り続けるのは　簡単なことではありません

それでも　あなたがしあわせだったように
これから生まれてくる子どもたちも
しあわせにそだつように

この約束を守る勇気と知恵を持ち続けることが
私達の責任なのだと
いまあなたに　ぜひつたえたいのです

（＊：堤 江実…川田龍平の義母）

龍平：生き抜く勇気を
—いのちを守る世界をつくるために—

目　次

第1章　感染，告知

「お母さん，ぼくエイズじゃないの？」ぼくは母にこう尋ねた。まだ小学5年生だったけど，ぼくは他の血友病者もHIV（ヒト免疫不全ウイルス）感染していることを知っていた。下痢症状があり，唇に裂け目ができていたので，おそらくぼくも同じであると感じていた。医師は母に，ぼくがHIV感染していると告げていた。母はぼくにどうやって告げるかひどく悩んだ。

ぼくは3歳以降，非加熱の血液製剤を打っていた。それはアメリカから輸入されたエイズを引き起こすHIVウイルスに汚染されていた。多くの国はその使用を停止していた。しかし日本は血友病者その他にその血液製剤を供与し続けた。そのため日本では1,400人，血友病者の約30％がHIV感染するという事態を引き起こした。

母は静かに，「龍ちゃん，残念だけどHIVがあなたの体に入り込んだの。血友病の上に，さらに恐ろしい病気にかかったの……でもあきらめないでいようね」。

ぼくは「やっぱりそうだったのか」と思った。ぼくは，母の話の後に，何を言ったかよく覚えていない。母は「もし今エイズに罹ったら，あなたは死んでしまうだろうね。でもね，新しい治療法が入って来ているの。一番大切なことは健康にしていること，そうすればエイズは長い間発症しないから」と言った。

ぼくはただ答えた。「もしエイズに罹ったら，ぼくは自殺するよ。苦しみたくないから」。母はショックを受けた，でも母はエイズを発症させない治療を始めるというぼくの決意を受け入れてくれた。

エイズの烙印パニックは起こりつつあった。マスメディアはエイズ被害の恐ろしい写真を公開した。世間は「血友病＝エイズ」と思ってしまった。ぼくの小学校の生徒は「ばい菌移し」といういじめゲームをしていた。クラスメートは，ぼくが血友病者であることを知っていた。ある日ぼくは友達の机に寄りかかった。すると彼は「おい，龍平がお前の机に触って汚い菌をつけたぞ！」と叫んだ。

親友の史郎くんがすばやく叫んだ，「やめろよ！」。彼のお陰でいじめは１日しか続かなかった。史郎くんのような良い友達をもってうれしかった。しかし，ぼくは絶望的になった。もうこれ以上，血友病者であることを誰にも話さないようにしようと思った。

　エイズは不治の病なので，ぼくは自分にはもう未来がないのだと信じ込んだ。「現在」のためにのみ生きよう，自己中心的になり，やりたいことだけをやるようになった。エイズ発症を防ぐために週に２回インターフェロンの注射を受けた。ぼくは倦怠感と高熱などの副作用に苦しんだ。しかし学校では，自分はどこも悪いところはないんだというように振る舞った。そのため中学時代，クラスメートは，ぼくが生意気者だと思っていた。それ以降，ぼくは自分が血友病者であると他人に言うのをやめた。

厚生省包囲行動で

第2章　告白，信頼

　1989年10月，14人のHIV感染の血友病者が厚生省と5つの製薬会社を相手に裁判に訴えた。原告の名前や顔は秘密にされた。ぼくは1992年に裁判に加わった。その時点までに当初の原告の3分の1が亡くなった。他の原告はエイズを発症したり，免疫水準を示すCD4が危険ゾーンに落ち込んでいた。免疫水準は一度200以下に下がると二度と上がらない。母は訴訟についてあらゆることをやっていた。でもぼくは公判に出ることやエイズについて読むことを避けていた。

　高校時代，ぼくはある女子生徒が好きになった。血友病になるときぎこちない格好で歩くので，ぼくは校内マラソンを免除された。彼女は，ぼくがなぜそうなのか本当に知りたいのだな，と感じた。でもぼくが真実を話せば，彼女はぼくを拒絶してしまうのではないかと恐れた。しかし結局，話すことにした。「ぼくは血友病者なんです」と言った。すると彼女は「そうなの？」とだけ言った。

　2年生のとき，そのガールフレンドは，血友病者のなかにはHIV感染している者がいる，という本を読んでいた。彼女は「血友病者なら，あなたもHIV感染者なの？」と尋ねてきた。もしこのことで彼女がぼくに背を向けたら，ぼくは決して立ち直れないと感じた。しかしぼくは彼女を信頼したかった。やっと，ぼくは告白した。「ぼくはHIVに感染しています」と。彼女は冷静にそれを受け止め，ぼくがそれを話すのがいかにつらかったかを知りたいと思っているように見えた。ぼくは絶望から救われたと思った。このとき初めてぼくはHIV感染と向き合えるようになった。

　2年生の間に，ぼくたちは3年生になったときの進路コースと志望する大学を決めなくてはならなかった。再びHIVの現実と向き合うことになった。「現在」のためにだけ生きることはできなくなった。職業やHIVとの共存——たとえ短くても将来のことについて真剣に考え始めた。ぼくはエイズについての本を読みあさった。なぜ自分が感染したのかを。

HIV訴訟は勝たなければならなかった，そうすればぼく
や他のHIV犠牲者は尊厳を持って生きること——つまり人
生の目標を達成できるだろう。しかし，原告はだれも名前
や顔を公表しなかった。もし原告のだれかが顔を現せば，
国民はもっと関心を持つようになるだろう。ぼくは自分の
名前の公表がその役に立つだろうと思い始めた。

　公表には勇気が要るし，リスクもたくさんある。ガール
フレンドに打ち明けるだけでも辛かった。しかし，自分の
病気を隠すことが嘘をつくことになると感じた。ぼくは公
表を段階的にやることにし，まず親友に話すことから始め
た。

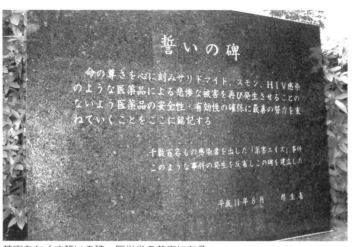

薬害をなくす誓いの碑　厚労省の前庭にある

第3章　実名公表へ

　ぼくは大学入試のため予備校へ1年間通った。友達とときどき休憩をとって，ボーリングに行った。HIV感染について彼らに話したいと思っていた。しかしそれをずっと先延ばしして，次々にチャンスをつくりそこねていた。ある晩ボーリングの後，友達の隆信くんとぼくは他の友達と別れて，ぼくの団地の外でおしゃべりをした。話すのにいい機会だったが，出だしの言葉を見つけるのに苦労した。

　ようやく，ぼくは「君に話したいことがあるんだけど」と切り出した。そして洗いざらい話した。すると彼は「お前がどんな病気を持っていようとかまわないよ。お前は俺にとっては同じ人間だよ。俺たちの友情に変わりはないよ。だから同情なんかしてやらないからな」と言った。彼が思っていることが分かって，ぼくは気分が軽くなった。彼に話したことで，今後他の友だちにも話せる勇気が湧いた。

　1994年，ぼくは横浜で開かれた第10回国際エイズ会議に出席して，他国のHIV感染の人たちと会った。その人達は顔を隠していなかった。ぼくは深く感動した。一人のアメリカ人が話をした。「3人の娘たちが『パパ，正直に生きなさいと前に言ってたよね。でも今，なぜ自分に正直になれないの？』と言った」と話した。その後，彼は名前を公表し，病気と闘うことを決意したそうだ。

　アメリカ人の少年，ジョナサンくんは1983年コロラド州デンバーに，未熟児で生まれた。HIV汚染された輸血を受けた。彼の本『ぼくはジョナサン…エイズなの』（大月書店，1992年）を読んだ。彼の勇気に敬服したが，恥ずかしくもなった。ぼくは「彼はほんの子ども，だけどたくさんのことをやっている。ぼくは歳上なのに何もやっていないじゃないか！」

　その会議で，参加者の誰もが一つの約束をした——「ノーモア・サイレンス」。ぼくにとってそれは人々の前で声を上げることを意味していた。単に友だちに向かっていうのではなく，自分自身のために声をあげるのだ。

母は，全米科学アカデミーで話をすることで神経質になっていた。ぼくは母に「代わりにぼくが行くよ」と言った。すると母は「いや，あなたは入試の勉強をしなければならないから」と言った。ぼくは，自分の代わりに母親が話をするなんておかしい，と思っていた。自分自身で声を上げるべきだと分かっていたからだ。

　ぼくは東京経済大学の入試に合格し，自分の公表に踏み切ることにした。1995年3月に実名を明かし，記者会見を開いた。多くの人たちがテレビを見て深く感動してくれた。恩師や学校の友達が電話でサポートを申し出てくれた。

　ぼくは注目を浴びるためにやったのではない。HIV訴訟

1996年2月16日　座りこみ最終日に

に関心を持ってもらい，日本で1,400人もの血友病者その他の人たちが汚染された血液製剤を投与されて，HIVに感染し，エイズで苦しみ死んでいっていることを知ってもらうためにやったのだ。

エイズは，免疫レベルが低下すると発症する性感染症なので，発見するのはたやすくない。しかしエイズは烙印を押されていて，エイズ罹患者は差別に直面する。多くのHIV感染の血友病者は，一部の医師からでさえある差別や偏見を恐れて訴訟に参加しなかった。

ぼくは高校にいたときは実名公表をしたくなかった。だから彼ら（HIV感染の血友病者）がどんな気持ちでいるかを知っていた。公表する人たちが公表しない人たちより勇気があるとは思わない。プライベートにしておくことはあたり前の選択であるし，勇気ある選択でもある。彼らは，公表した際のリスクを理解し，それを受け入れられるのなら公表すべきだ。

ぼくは公表して嬉しかった。自分と同じくらいの年齢の人たちが血液製剤スキャンダルやエイズを意識してくれるようになったからだ。この種の問題が，普通の人たちにたまたま起こるのでなく，自分たち自身の問題としてとらえられるようになった。もう一つぼくが嬉しかったのは，届いた手紙だ。ある人は「私は自殺したかった。でもあなたのことについて書かれたものを読んだとき，生き抜く勇気をもらいました」と書いていた。別の手紙ではこう書いてあった。「クラスメートからいじめを受けていた。もう学校には行きたくなかった。あなたはもう一度学校へ行く勇気を与えてくれました」。ぼくは人々に勇気を与えた，そしてその人達がお返しにぼくを勇気づけてくれた。ぼくは講演で今まで経験したことのない場所に行ったり，いろいろな人達に出会った。ぼくの世界は公表をしたことで大きく広がった。

第4章　責任の明確化

　ぼくたちの訴訟を支える運動は全国に広がった。1995年7月24日，3,500人もの人たちが人間の鎖を作り，東京の厚生省のビルを取り巻いた。

　ぼくたちは，厚生省が汚染された血液製剤を使用させた責任を認め，謝罪するよう要求した。ぼくは街宣車の上から話した。「汚染された血液製剤でHIV感染した360人以上の血友病者が亡くなりました。5日に1人の割合で死んでいます。このビルの中で働いている人たちは何のために働いているのですか？　ぼくは，あなたがたが国民の健康と命を最優先させるようにしてもらいたい。今，あなたがたはぼくたちに謝って欲しい！」。

　ぼくたちは，厚生省に，官僚が製薬企業を守るのでなく，HIV汚染の血液製剤に関する書類を公表し，内部調査をするように要求した。そして汚染された血液製剤の危険性が明らかになった後も販売し続けた，製薬企業を罰することも求めた。ぼくたちは，彼らが被害者に責任を認め真摯に謝罪し，早急かつ十分な補償，医療と救済措置を提供することによってのみ解決になると主張した。

　1995年，ぼくは鹿児島に講演のため行ったとき，「知覧特攻平和会館」を訪れた。展示物は戦争をかっこよく見せるように設計されていた。ぼくは，ある年配の人が「今どきの若い者はこのようなパイロットのようにりりしく見えないな」と言うのを聞いた。亡くなった若い飛行士の写真は英雄として描かれていたからだ。

　実名公表後，ぼくはときどき英雄として描かれた。ぼくはメディアが「多くの患者は名前を公表できないでいる」と報じて欲しい。人々に，なぜこのような悲劇が起こったのかを知ってもらいたい。ドイツの元大統領リヒャルト・フォン・ヴァイツゼッカーはこう言った。「過去に目を閉ざす者は現在に盲目となる」と。

　訴訟はぼくに「責任」という「ことば」を考えさせるきっかけになった。なぜ日本は過去の過ちの責任を避けようとするのか？　日本にはいい点がたくさんある，しかし責任

を曖昧にすることがぼくたちの国の悪い点の一つだ。でも
ぼくは，日本に生まれたことを運が悪かったと思いたくは
ない。

1996年　小平での講演後の反省会で

第5章　ぼくの人生，ぼくの未来

　ぼくは将来，社会科の教師になり，汚染された血液製剤の悲劇は人災であり，それがHIV感染の犠牲者だけでなく社会全体に影響を及ぼした，と教えようと計画していた。その悲劇は現在の社会の構造から生まれたものだった。日本社会は変わる必要がある。しかし，個人個人が変わらなければ社会は変わらない。もし国民がよく考えて責任をど

1998年8月　ヨーロッパ人権の旅，オランダで奈良さんと

う取らせるべきかを学んだら，政府の中で仕事をしている人たちは責任を避けられないだろう。国民が声をあげ，悪いことは悪いと言い，責任の取り方について学ぶ必要がある。

　ぼくと同じ年頃で，テレビでぼくを見た人は考えた。「どうやってあんな人がエイズにかかるのだろうか？」と。彼らは最初は哀れみを持った。しかしその問題について知るようになって，哀れみが怒りに変わった。哀れみでは汚染された血液製剤の責任を政府に取らせる運動をサポートするエネルギーにはならなかった。彼らは自分たちの命や権利を守り，同じ過ちを二度と起こさないようにするために運動に参加した。

　ぼくの今のミッション：元気でいる限り，なぜぼくが感染したかを人々に話したい。自分の話をすることによって，次の世代の人達に，だれが汚染された血液製剤の責任を取るのか，なぜ血友病者がエイズで亡くなるのか，を考えてもらうことだ。

　ぼくは10歳のとき，大人になる年まで生きられるとは思っていなかったが，1996年1月12日に20歳（成人）に達した。しかしHIV感染している血友病者は頑健ではない。HIV感染した血友病者の友達は次々に亡くなった。まだ生きている者ももはや歩けなくなったり，また耳が聞こえなくなったり眼が見えなくなった者もいる。

　ぼくは，悲しいニュースを聞いたり，体調が悪いときは死を考えることがある。究極的にはぼくもその段階に達するだろう。だれだって最後は死ぬ。でも自然に死ぬことと，政府や製薬企業の過失で死ぬことは全く別物だ。ぼくは殺されたくはない，ただ生きたいのだ！

　ぼくの免疫水準CD4は1995年に300以下だった。200を下回れば，エイズを発症する。しかし，ぼくは人生目標をあきらめるわけにはいかない。毎日を有意義に生きることを目指す。ぼくは歩ける限り様々な所へ行きたい。話ができる限り話をしたい。書ける限り書きたい。不安を感じている暇などない。ぼくは生きている限りできることは何でもやるつもりだ！

第6章　ドイツへ留学

学びへの渇望

　HIV血液製剤訴訟の勝利の後も，裁判傍聴，講演活動の日々が続いた。この時期に外国へ留学を考え始めた。

　暉峻淑子さんの著書『豊かさとは何か』（岩波新書，1989）の中で，私は，ドイツでは日本より短時間労働で，毎年4週間の有給休暇を楽しめると書いてあるのを読んだ。私は，ドイツに行き，なぜそのような健康的な勤労生活が可能なのか自身で見つけたいと思った。また東西ドイツ統一が実現した時ドイツはどのように変わったか，この目で見たいと思った。

戦争責任──日独の違い

　1996年7月に『龍平の現在』（三省堂，1996）を出版した。その頃，バンクーバーで開かれた「国際エイズ会議」に参加した。その後，ヨーロッパでの性教育セミナーの旅に出かけた。

　その会議で，アジアとアフリカの開発途上国はHIVを発症した人たちに適切な治療を行うことができていないことを学んだ。日本は，先進国の中で唯一HIV発症者の数が増えている事実についてその理由を説明しない。毎年1,000人以上がHIVに感染し，毎日少なくとも一人が亡くなっている。

　その性教育セミナーで，日本ではHIVがSTD（性感染症）として分類されてはいるが，性教育の教科書ではHIVをSTDの代わりに血液または血液製剤リスクとして説明している，ということが分かった。HIVが性交渉の中でどのように感染するか，コンドームの使用がパートナーを安全にしているかについて説明していない。教師たちは性交渉・コンドーム使用のはっきりした事実を教えていないのだ。

　一方，若者の最初の性行為年齢は毎年低下し，STDが増えている。私は，性教育の言説を転換させるのに非常に関心があったのでそのツアーに参加した。性行為を恥ずかしいものとするのでなく，若い人たちに命を大事にする性教育をして，性的に活発になる時期にどのように安全に行うかを教えるかが大事である。

旅行中，ドイツのダッハウ強制収容所跡地を見学。広大な敷地に収容所の土台，いくつかの収容棟，焼却炉があり，資料館には心を錯乱させるような人体実験，銃殺隊に射殺された犠牲者の写真が展示されていた。

　日本では，戦争の「被害」は主張するが，731部隊のような「加害」の責任や論議を避けたりしている。戦争の事実が次の世代に伝えられないで，曖昧にされている。このような傾向がHIV汚染の血液製剤の薬害事件を生む結果になっている。政府が説明責任を果たさなくなると人々が死ぬ。ダッハウの写真は恐ろしいが，ドイツ政府がダッハウや他の収容所を保存しながら戦争についての事実や責任を若い人たちにいかに伝えるかを努力していることに感銘した。

ドイツで学んだこと

　私はドイツに来て，6ヶ月後，自分のアパートでひとり暮らしを始めた。ケルン市コミュニティセンターでロシア語，スペイン語，アラビア語などを話す外国の人達とドイツ語を学習した。彼らとドイツ語を話すように努力したので，それが英語とドイツ語を話す力の向上に役立った。

　週末には疲れはてて，アパートで日本の新聞や本を読んだりして何時間も休息していた。テレビのニュースはイラクやコソボにおける紛争を報じていた。イラク出身のクルド人の友人は「帰国すると殺されるので帰れない」と私に話した。彼の発言にはショックを受けた。日本に住んでいたときより人種や宗教紛争をずっとよく理解できた。

　1999年3月24日，NATO軍がセルビア共和国への空襲を開始した。私はセルビアがドイツを攻撃するとは思わなかったが，戦争の緊張が身近かに起こっているなと感じた。

　1999年5月，「ハーグ平和市民会議」に参加した。そこで採択された決議の一つは「すべての政府は日本国憲法第9条のような『戦争放棄』の決意をすべきだ」と述べていた。初めて「9条」の凄さを認識した。

第7章　教育の世界から政界へ

母親が政界へ

　2000年9月，母親が，衆議院議員補欠選挙へ立候補するというメールを送ってきた。私は急遽東京に戻って，選挙法定ビラ，選挙はがき作成をした。携帯電話を買って友達に母への支持を訴え始めた。700人ものボランティアが選挙運動に協力してくれた。中村敦夫さん，田中康夫さんなどの映画俳優や国会議員も応援に駆けつけてくれた。

　10月22日，母親が約51,000の得票を得て当選した。投票率は約40％だった。母は私に「暫定秘書」になるように求めてきたので，引き受けた。10月25日に母は生まれて初めて登院して国会の階段を登った。

母の選挙応援でマイクを握る

政治的関与：日本とドイツ

　その選挙に参加することによって，たくさんの驚くべきことを学んだ。ドイツでは現在の政治についての意識が高く，学生は政治や選挙について自分の意見を述べる。大学には学生自治会や政党の支部まであり，学生は政治，難民，平和関連の問題を授業の討論で自論を主張する。学生は，自分たちが納得できない政府の方針に対して街へデモを繰り出す。

　日本の状況はかなり異なる。日本の国政選挙の投票率は，近年は50％台まで低下してきている。ドイツでは，国政選挙の投票率は70〜80％と高い。

　20歳代の投票率を比較すると，日本は1967年には66％だったが，2021年には36％に低下した。ドイツでは，20歳代の投票率は常に70〜80％に達する。日本の20歳代は，投票しても何も変わらないだろうと考えて投票しようとしない。彼らは日常会話で政治的なトピックは避けようとする。「政治」は学校の教科になく，教師たちは学生に政治活動を避けるように仕向けている。

日本の衆議院議員選挙における投票率（20歳代と全体）

注：数字は％（総務省統計）

年	1967	1976	1990	1996	2003	2009	2014	2017	2021
20歳代	66.7	63.5	57.8	36.4	35.6	49.5	32.6	33.9	36.5
全体	74.0	73.5	73.3	59.7	59.9	69.3	52.7	53.7	55.9

第8章　いのちを守る法律をつくる：
　　　　薬害から3・11へ

薬害の防止

　私は，薬害の当事者が声を上げ続けていけば，政府と国民は変わるのだ，という深い信念をもっている。私の場合，薬害は血液がすべてだ。私の政界への関与は，自分に起こった問題についていかに声を上げたかに始まる。

　健常人はケガしても血液が凝固して止血できる。血友病者の血液は，凝固因子なしには固まらない。安全な凝固因子は抗血友病因子（クリオ）からとることができる。これは一人のウイルスのない血液ドナーの凍結した血漿から作られる。しかしたった一人のドナーでは量が少ない。1970年代から新しい遠心分離技術により凝固因子の分離が可能になった。しかし，これは10,000人もの非加熱の血液から作られるので非常に不衛生だった。

　アメリカ政府はベトナム戦争に就役した兵士の大量の血液を保存した。ベトナム戦争が終わると，アメリカはその非常に格安な血液や血液製剤を国際市場に販売に出した。血液供給の研究者は，それが全く加熱処理されていないので，C型肝炎やHIVウイルスを含む可能性があるとその危険性を警告していた。そうした警告にも関わらず，日本はその凝固因子を含む血液や血液製剤を購入し，それらが子どもの私に使われたのだ。その事実がほとんどの医師や私の親たちに知らされなかったので，私は薬害エイズの被害者になってしまった。この薬害エイズ事件が，人のいのちを助けるために自分自身を捧げる決意をする契機となった。薬害エイズ事件は，人のいのちを守る憲法25条の条文の活用にぴったりあてはまっていたからだ。

参議院選挙に出馬，国会議員に

　2000年から2003年にかけて，私は衆議院議員だった母親の秘書として働き，母の苦闘する姿を見ていた。母は薬害を防止するため法律を変えようと努力していた。私もそんな母の姿を見て立候補し，参議院議員になろうと決意した。2007年の東京都選挙区は定員が5人で，競争が厳しい選挙

松本大学講師時代

区だ。無所属で出馬した自分には，人的コネも，力も資金
もなかった。周囲の人は当選は無理だろうと考えていた。
　だが，薬害エイズ裁判の時に実名公表したように，社会
を変えるんだという強い願望が私を突き動かした。エイズ
訴訟のときの若いサポーターたちや選挙ボランティアのお
かげで，68万3,629票を獲得して当選した。
　無所属議員はとても忙しい。他の政党の議員とは違って
すべて自分で計画を立て，活動しなければならないからだ。
休む間もなく毎日が高速で回り始めた。視察に会議に勉強
会，支援者との会合などを行う。朝から晩まで仕事と勉強
が続く。
　私は血友病による関節内の出血と，抗HIV薬剤の副作用
による絶え間ない痛みで苦しみ続けた。毎日激痛に悲鳴を
あげないようにしつつ，自分の任務を遂行した。体力的に
ギブアップしそうな時も，私のために，一緒に働いてくれ
る人たちのおかげでいつもなんとか動き続けることができ
た。彼らは，政治を内部から変えて，日本を人のいのちを
守る国にしようという生涯の目標を共有する「同志」だった。
その中の一人が私の人生を変えることになった。

ジャーナリストと結婚へ

　彼女の名前を最初に知ることになったのは，2007年のとてつもなく競争の激しい選挙の闘いの中だった。母親が一冊の本，ある国際女性ジャーナリストが書いた『グラウンド・ゼロがくれた希望』（堤未果著，ポプラ社，2004）をくれた。彼女の著書を読んだ時，何かピンとくるものを感じた。母に連絡先を聞いてもらい，何とか会う約束を取りつけた。

　彼女の本に出てくる「グラウンド・ゼロ」は2001年9月11日にニューヨークで起きた同時テロで倒壊した世界貿易センターの現場だ。彼女はあの悲劇を現場で体験し，PTSDに苦しんだ。しかし，彼女は人間のいのちについての深い洞察，人間性に対して強いブレない信念を持って本を書いていた。

　本を読んでいて，「僕らはなにか似ている」と直感した。2007年の最初の彼女とのランチデートで，そのことがわかった。長く生きられないと思っていた自分は，結婚して家庭を持つことなど夢のまた夢とあきらめていた。しかし，私は2回目のデートでもう結婚を申し込んでいた。

　彼女は私の目をしばらくじっと見て，そして言った「結婚するなら条件があるわ。約束して，1日でいいから，私より長生きするって」。そして彼女はこう付け加えた。「だって，未来は変えられるもの」

　私は絶句した。それまで，私が短命だという前提で接する人は多くいても，そんなことを言う人はいなかったからだ。あの頃，インタビューされるたびに，私は新聞記者たちに「長くは生きられない」と言っていた。私は彼女に約束した。「1日でも長く生きて，あなたを守ります」と。

　あれから14年。今では私は家でよく笑う。私の免疫数値は，近年の医薬品の性能の向上のおかげで着実に上がり，今では何と主治医より高くなっている。気がつけば，彼女と出会う前の，「長く生きられない」という私の口癖は，「これをやり遂げたいから，自分は長生きする」に変わっていた。彼女は，妻として私の免疫を上げる食事を作ってくれたり，議員の仕事を一生懸命支えてくれているけれど，彼女からもらった一番の宝物は，「長生きする理由」をくれたことだ。

彼女と出会って私は，人災の犠牲者であるけれども，それに意義付けするのは自分なのだと気づくことができた。彼女の言霊（ことだま）が，私の人生のギアを入れる力になった。私はもう決して，「長く生きられない」と口にしない。彼女にした約束は，私の人生に光を灯した。今私たちは猫二匹と共に暮らしながら，沢山の子どもたちのために希望ある社会を残そうと，一緒に頑張っている。

３・11大震災と「子どものいのちを守る法律」

　2011年３月11日，東日本大震災・津波が発生し，約２万人の死者・行方不明者を出した。また福島の第一原発爆発の惨事をもたらした。同年７月，東京大学アイソトープ総合センターの児玉龍彦教授は，政府に，放射能分散と放射能被曝者の**DNA**の長期的影響について重要な証拠を提出した。彼は，福島の惨事の放射能禍は政治家が考えている以上に深刻であることを明らかにした。

　児玉教授は，政府が対策を取らなければ，人災である放射能災害が起こる危険がある，特に女性と子どもが危険であると警告した。彼は国会に次の４つの実現すべき目標を求めた——①環境の徹底した放射能測定，②食品の放射能検査，③子どもを放射能に汚染された食品から守ること，④女性と子どもを被災地域の放射能被曝から保護すること。

　私は彼の発言に強い衝撃を受けた。また福島核惨害の科学的背景を理解しなければならないことを知った。私は，すべての被害者が適用の立証をしなくても必要な支援と補償を受けられるように，積極的に行動しなければならない，と考えた。当時社会民主党（社民党）の阿部知子議員と私はただちに新法を作るため他党の議員に呼びかけた。

　私たちは，他議員の部屋を一つひとつ訪ね，この法案について説明し，賛同してくれるように働きかけ続けた。また，さまざまな集会やシンポジウムなどに出て，世論を喚起することに努めた。こうした１年間の交渉の後，2012年６月21日に新法案——「子ども被災者支援法」が衆参両院とも全会一致で可決成立した。

第9章　有機農業と食の問題

農薬から子どもたちを守ろう

　薬害はつねに発生する危険性があり，子どもに影響するものが農薬だ。新しい農薬が絶え間なく開発され，十分な治験もされずに発売されている。

　中国系アメリカ人のゼン・ハニーカットさんは，3人の子どものうち1人が発達障がいになったことが分かった。その子どもは他の2人と違い，農薬を使った食物を食べていた。そこでアメリカで農薬を廃止する運動を始めた。では，日本では農薬から子どもを守るために何が起こっているだろうか？

　有機農業の食物はできるだけ殺虫剤や農薬を少なくして，理想的には全く使わない無農薬で栽培される。しかし従来方式で栽培されるものより手間がかかる。日本では，2009年から2017年まで，有機農場（公認と非公認を含めて）の合計面積は43％，公認有機農場は19％増加した。しかし，有機農場の面積は自己申告でも，全農場のたった0.6％に過ぎない。日本では有機農場は非常に少ないということだ。

殺虫剤なしの米を学校給食に——有機農業活性化を

　日本の3つの都市——愛媛県の今治市，千葉県木更津市・いすみ市は無農薬のお米を市立の学校給食に取り入れ始めた。この3市は有機農業を行う農家を増やすよう支援してきた。なかでも，いすみ市では，学校給食のお米は100％有機米を使用しており，子どもを持つ親たちが，その地域に移り住みつつある。

　農民は有機農業で作ったお米を取り入れることへの積極面を理解してきている。徐々に有機米を購入しはじめる市町村が増え，有機米を生産する農家が増えている。有機農業の全国的な運動には政府の法的かつ実際的な支援が必要だ。このため私達がローカルフード促進法案の成立に動いているのだ。

タネを守る——ローカルフード促進法

　日本では主要農作物種子法が米・麦・大豆などの種子の安定的生産と普及を促進するため施行されていたが，2018

（平成30）年に廃止された。現在，これらの種子の安定生産・安定供給を保障する具体的な制度がない。しかし，地方自治体の中には，国内や外国の農業企業に種子を独占されないために独自に種子条例を制定しているところもある。

　タネは正確な低温で，ときに無酸素の環境で保存しなければならない。生育状況を監視する必要もある。タネをあまり長く保管すると発芽しなくなる。タネは蒔いて，育て，生産して，収穫して，また保存されなければならない。そのタネを使って，農作物を作るのが大事であり，タネは生産農家に供給されなくてはならない。自家採取したタネは有機農業に非常に重要であり，農業を活性化しつつある。もし私達が地域の食糧の生産と消費のサイクルを達成できれば，日本の農業は環境保護へ向けて，次の一歩を踏み出すことができる。

　2022年に学校給食に有機食物を提供してくれる有機農家を守るために，私たちと他の議会関係者はローカルフード促進法案を立案した。この法案は，有機農業を持続可能なものにするために，タネ農家と有機農家を支援する制度を作ることをめざす。また学校給食その他に有機食物の利用を奨励し，有機作物を安定的な市場にすることをめざしている。

　ローカルフードは面白いし，楽しい。世界には，「ローカリゼーション・デー」を設けてローカルフード運動を推進している地域もある。この促進法案は，グローバリゼーションの反対の地方化（ローカリゼーション）の流れにのっている。

　（注）ローカルフード法案：正式名称は「地域在来品種等
　　　　の種苗の保存及び利用等の促進に関する法律案」。

アグロエコロジー（agroecology）：地産地消

　農業環境保護（agroecology）は農業のサイクル化である。環境を保全し，土壌を保護し，環境にやさしい農業を奨励することだ。この中心は生産者と消費者とのつながりを作ることである。今治市の学校給食はアグロエコロジーがどのように機能しているかを示している。小学生たちは，自分たちの地域で作られた有機食物を自分たちが食べるとい

うことを学び，学校給食の米や野菜がどんなにおいしいか
に気づく。生徒たちは学校給食が地域農家を支援している
ことを理解し始めた。

　子どもたちが改善された学校給食のことを親に話し，親
は地域産の米や野菜を少し値段が高くても買うようになっ
た。それが地域の農家と農業を励ました。より多くの人た
ちが地域産の物を買うようになり，いわば「地産地消」が始
まり，それがサイクルとなり，現在も続いている。

「チーム龍平」始動の日に

第10章　若者へのメッセージ

最後の章は，この本をお読みになる方，特に若い人たちへのメッセージにしたい。

1．本をもっと読み，人の話を聞ける人に

ツイッターやインスタグラムを使うのはたやすい。自分に興味あるものをクリックし，見たくないものはブロックすればいい。しかし魅力や刺激だけでクリックしているとネット中毒に陥る。この電子メディアから抜け出たり，現実の人間，時間や空間と交流するのが難しくなる。若者の多くは健全な人間関係を作ることによって自らの世界を豊かにしたいと思っている。それには，多様な考えを持つ人と関わり，自身だけの快適な世界から抜け出すことが必要だ。

意見を言うことや自身の考えを持つことは重要だ。しかし意見を言うことのほかに，人の話に耳を傾けることを学ぶ必要がある。人の話に耳を傾け，欠点を指摘せずに相手の立場を尊重することが大切だ。人と気軽に話したり，真剣な話をすることで，より豊かで良い関係を生むことができる。——それは単にいつでもどこでも，人とオンラインで話すことではない。

人は，努力すれば，多くの考え方，複雑な情報を入手できる。本や新聞を多く読めば読むほど，自分の意見を形づくり，何が正しく何が誤りかを自分で決めることができるようになる。もっと本を読み，人の話を聞ける人になって欲しい。

2．憲法を知ろう——いのちを守る礎(いしずえ)

2022年で，国会議員になってから15年たった。私は薬品の安全性のチェックを強化する目的の「臨床研究法」，フクシマの原子力発電事故後の子どもたちの健康チェックを政府の責任とする「子ども被災者支援法」を起案した。私はいのちを守る礎である憲法に基づき，これらの法律を作った。

今，憲法改正をめぐって大きな議論が巻き起こっている。国の最大の役目は国民のいのちと健康を守ることだ。しかし，国民が知るべきことを政府が隠蔽したり，改ざんしたというニュースを聞くたびに私は疑念を強める。政権交代のとき，私は国会の質問で総理大臣に聞いたことがある。「い

のちを脅かす情報を隠すことによって起きた，薬害エイズ事件からこの国は何を学んだのでしょうか？」と。そのとき彼は明確な答弁をしなかった。私はしばしば総理大臣が国会審議で私の目を見ずに下を向いてボソボソ答える姿を見たことがある。

　現在進行中の問題を理解したり，自分のいのちや暮らしをどのように守るかについて考えるために憲法を知ることは大切である。とりわけ憲法の3つの条項は非常に大事である。憲法9条は過去の戦争の記憶を風化させないために真の平和主義とは何かを思い出させてくれるし，25条は国民のいのちと健康を維持し，国民皆保険制度を堅持することがすべてだ。99条は憲法を尊重し，擁護する国会議員の責務を規定している。これらの条項のいずれかを廃止するのは問題外である。

日本国憲法第9条

　①日本国民は，正義と秩序を基調とする国際平和を誠実に希求し，国権の発動たる戦争と，武力による威嚇又は武力の行使は，国際紛争を解決する手段としては，永久にこれを放棄する。

　②前項の目的を達するため，陸海空軍その他の戦力は，これを保持しない。国の交戦権は，これを認めない。

憲法25条

　①すべて国民は，健康で文化的な最低限度の生活を営む権利を有する。

　②国は，すべての生活部面について，社会福祉，社会保障及び公衆衛生の向上及び増進に努めなければならない。

憲法99条

　天皇又は摂政及び国務大臣，国会議員，裁判官その他の公務員は，この憲法を尊重し擁護する義務を負ふ。

3．仲間と手を取り合って──「あきらめずに行動しよう」

　感染の告知を受けてから，私は絶望の状態にあった。自分が何をやっても人生が無駄になっていくと感じていた。

入院していた時，自分の隣りのベッドにいた友達がHIV感染で亡くなっていくのを見て，「これが自分の将来の姿なんだ」と考えた。でも今私はこう思っている。「死ぬ前に自分が世界を変えてやろう」と。自分の心は，人とつながったことで変わった。つまり，人を支えたり，支えてもらったりすることだ。

　また1994年には，HIV感染した12歳の少年，ジョナサン・スウェインを支える日本の生徒たちのグループに触発された。自分もそのサポーターになって，翌年，実名公表することへとつながった。1995年，「龍平くんを支える会」が発足した。支えられていることがわかって自分も前に進むことができた。1997年には「川田龍平と人権アクティビストの会」を組織した。この会は，普通の会とは違った。なぜならすべての会員がお互いに自立し，支えあうからだ。

　私は2007年，国会に入り「川田龍平といのちを守る会」を組織した。この会の理想は「政治の役割は国民をより幸せにすること」だ。それは「利益」より「人のいのち」が優先されるときに実現する。かつて医者は私に，「君の寿命は短いよ」と告げた。でも周りの人たちの支えのおかげで，40代の今も生きて，健康な生活を送っていられる。HIV汚染血液スキャンダル事件の解決は，政治が変われば社会も変えられるということを自分やサポーターに確信させてくれた。私は，誰もが本当に「日本に生まれて良かった」と言えるような国を作るために自分の生涯を捧げるつもりだ。

　最後に，私は読者の皆さん，とりわけ若い人たちと腰を落ちつけて話してみたい。

　まず質問したい。「皆さんは日本が現在進んでいる道を歩み続けることに賛成？」

　答えは「イエス」でも「ノー」でもかまわない。

　さらに「ここでちょっと立ち止まって考えてみない？」と問いたい。私は皆さんの意見を聞きたい。新しい道は対話を通じて開かれるからだ。

　たとえ途中でくじけたって，前に一緒に歩み続ければいい。私たちができることを，できる時に，いっしょにあきらめずに行動しよう。これが私達のいのちを守る方法だから。

特別寄稿

未来は変えられることを教えてくれた夫へ

堤 未果

みなさんは，１日のうちどれ位，いのちについて考えますか？

出会った頃の龍平さんの口癖は「どうせ自分は長く生きられない」でした。

だから結婚を申し込まれた時，こんな条件を出してみました。

「私より，１日でも長生きすると約束して」

それを聞いた彼は，ショックの表情を浮かべてしばらく黙り込んでいましたが，ふうっと長いため息をつくと，私の目をまっすぐに見て，はっきりとこう言いました。

「約束する。１日でも長く生きて，あなたを守る」

その瞬間，遥か彼方，水平線の向こうのもっとずっと先まで，未来が広がったように感じたことを，今もよく覚えています。

あとのことは天にお任せしよう。そう思いました。

すると不思議なことに，結婚してから，免疫を表すCD４数値がぐんぐん上昇，「僕より高い」と苦笑しながら，主治医の先生は首を傾げていたそうです。

言霊には，力があるのでしょう。

不安がなかったと言えば嘘になるけれど，次にやりたいことばかり話しているうちに，'いつまで生きられるか'，という言葉は，いつの間にか私たちの日常から消えていたのでした。

10歳で感染を知らされ，辛い治療に耐え，19歳で同じ苦しみを子ども達に味合わせたくないと実名で国と闘った彼は，今度はその内側から，法を通して日本をいのちを守る国にしたい，と張り切っていました。

でも政治家の妻になって初めて知ったのですが，そこには厳しい壁があったのです。

国会では，一部の人だけ良い思いをする「今だけ金だけ自分だけ」の法律はすぐ決まるのに，本当に国や国民のた

めになる法律は，滅多に通りません。

就任直後に，薬害撲滅のために作った「臨床研究法案」は，何度も勉強会を開き，専門家に相談しながら練り上げ，与党をはじめ各党議員にお願いに回るも，後一歩のところで政治的な力に阻まれ振り出しに戻るという，側から見ても気の遠くなるような，長い道のりでした。

その地道な努力がようやく実を結び，晴れて法律になったのは，何と10年後です。

あの日，本会議場の壇上で，法案成立に協力してくれた皆さんに泣きながら頭を下げる夫の姿を見た時，本当に胸がいっぱいになりました。

そしていま，安全な食べ物で子ども達のいのちを守るために，仲間と作った「ローカルフード法／条例」を成立させようと，あちこち走り回っています。信じて動き続けたことで3,000人の仲間が集まり，厚生省を取り囲んだ薬害エイズ事件の時のように，国会の動きは遅いけれど，地方を中心に，賛同の輪が静かに広がっているのです。

あきらめさえしなければ，未来は限りなく未知数になる。

19歳のあの時から，沢山の人たちに支えられて，夫が体現し続けてきた，世界共通のこの法則に，弱い私は何度助けられ，背中を押されてきたでしょう。

そのことを，薬害エイズ事件を知らない全ての子どもたちにも伝えたい。そう思っていたら，龍平さんの恩師である奈良勝行先生と柏村みね子先生，翻訳・校閲のサラ・ブロックさんと，出版社の飯塚さんのおかげで，こうして世に出ることになりました。何日も真剣な議論を重ね，四半世紀の歴史の中から，今を照らすいくつもの光る瞬間を掬い取って一冊の本にするために，日夜尽力して下さったこと，この場を借りて深い感謝を捧げます。

そして何よりも，あの日の約束をちゃんと守り続けてくれている夫に，心からのありがとうをこめて。

年　表

1976. 1. 12	東京都小平市に生まれる
1976. 7	血友病と診断される
1979. 8	3歳のとき，非加熱輸入血液製剤の使用開始
1986. 12	母からHIV感染を告知される
1987. 7	インターフェロン治療開始
1992. 9	裁判に参加することを決意
1993. 9	初めて裁判傍聴，原告団に加わる
1994. 3	都立小平高校卒業
1995. 3	実名公表
1995. 4	東京経済大学経済学部入学
1996. 1	成人式を迎える
1996. 3	東京HIV訴訟和解成立（実質原告勝利）
1998. 9	大学を休学し，ドイツ・ケルン大学に留学（〜2000年）
2000. 9	母の衆議院議員立候補に伴い帰国
2000. 10	母の当選に伴い帰国。母の秘書となる（〜2003年11月）
2003. 3	東京経済大学卒業
2003. 4	松本大学非常勤講師
2007. 1. 12	31歳の誕生日に国政への挑戦を決意
2007. 7. 29	参議院議員選挙に無所属で出馬，68万余票を得て当選
2008. 2	国際ジャーナリストの堤未果と結婚
2013. 2	子どもと妊婦を放射能から守る「子ども・被災者支援法」を発議。（2013年6月21日成立）
2013. 7	参議院議員選挙に出馬，11万余票を得て再選
2017. 12	立憲民主党に入党
2019. 7	参議院議員選挙において同党比例区で出馬，約9万4千票を得て当選
2022. 11	議員生活15周年を祝う会

編注者のあとがき

奈良 勝行（なら・かつゆき）

　26年前の1996年5月10日に前作（英語副読本）*Ryuhei* を出版しました。当時私は都立高校の現役教師。同じ市に住んで，薬害エイズで実名公表して国や企業を相手に闘う若い彼の生き方に感銘して，自分に何かできないかと考えました。ありきたりの日本語の本では読まれないから，英語の副読本なら授業で扱ってもらえそうだ…それを出版しようと考えつき，出版社（桐原書店）に働きかけ協力を取り付けました。

　その後，ほぼ毎週末に彼や支援する若者と行動をともにして都内の集会や講演会などに参加し，そのイベントの日の夜に「龍平くんを支える会」の会の事務所で彼と膝詰めでその日の行動を反芻し日本語文を作り，英訳していきました。出版社にも入り浸ってアメリカ人スタッフと英文の推敲を重ねました。およそ1年間の苦労が実を結び，出版にこぎつけ，全国の中・高等学校などで教材として採用され，多くの生徒・教師に読まれました。感動のメッセージが殺到しました。

　あれから四半世紀…。日本の政治・社会は一向に良くなっていない，それどころか社会的弱者は増える一方。近年は生きる力を失って中高生の自殺者は増え，2022年はあらんことか「日本を強い国」へ軍備増強，"核シェアリング"，憲法改正まで叫ばれる風潮がコロナ禍に加えてまん延しつつあります。昨年末「これはヤバい，龍平さん，もう一度あきらめずに闘わないかい？」と，桐原書店の社員と一緒に議員会館に行き，川田議員に話を持ちかけました。彼が「一緒にやりましょう！」と同意してくれたので，出版のスタッフをたちあげ，ほぼ2週間おきに彼や秘書さんを含めて「オンライン編集会議」を開いて日本語原稿を作り始めました。

　出版のターゲットは四半世紀前の元 *Ryuhei* の読者と今日の中高生・大学生，そして政治家の皆さん。できるだけ易しい英語版にして，和訳もつける，メッセージ性の高い読み物にすることで一致して取り組み始めました。これも1年がかりでやっと完成―――。

　これが出版される頃は，コロナ禍は？ ウクライナ戦争は？ 日本の政治はどうなっているのでしょう…？ でも私達の合言葉（Slogan）は "Never Give Up!"。変わりません，いつの時代でも―――。

　最後になりましたが，本書の出版についてご尽力いただいた高文研の飯塚直様と修学舎の森田晴義様に心より感謝申し上げます。

2022年10月

柏村みね子（かしむら・みねこ）

　2022年1月，私は東京都立高入試へのスピーキングテスト導入中止運動を行っていました。ある日，奈良さんから，「川田龍平さんの議員会館で打合せをするので来てほしい。スピーキングテストの件も話すので。サラさんも来るから」といわれ，スピーキングテストの件だと思い込み，議員会館に伺いました。久々に，川田龍平議員にお会いし，そこで初めて打合せの内容が「龍平さんの本の続編」の製作であることを知りました。「あれ？」意外な展開に戸惑うまもなく，なぜか様々なコーディネート役として，編集チームに加わることになったのです。以来，2週間に1度，オンラインでの会議が始まりました。川田龍平さん，奈良さん，サラさん，高文研の飯塚さん，龍平さんの秘書の高木さんも加わり，6人で会議を重ねました。奈良さんのリーダーシップの下，龍平さんの様々なエッセイ，書籍を読み，質問事項を作り，それに龍平さんが応えてくれる形で，内容が形作られていきました。

　雄弁な語り手である龍平さんは，忙しい日々の夜なのに，それでも熱を入れて，高校，大学，ドイツ滞在期，議員としての日々を私たち編集チームに語ってくれました。それを日本語の文章，英文にしていく中で，「これは本当に龍平さんの気持ちを言いあてている表現になっているか」ということは常に気になり，問い続けました。龍平さんの気持ちを言語化し，文章化するにあたり，英語と日本語におけるニュアンスの違いという壁に何度もあたりましたが，その度，サラさんや龍平さんの柔軟で，ユニバーサルな姿勢，提案にはっとさせられ，乗り越えてきました。

　私はかつて通訳に憧れたことがありました。今回の編集チームでは，私は，日本語を別の日本語で言い換え，編集チームの各人が言わんとしていることを，互いに伝える媒介をしてきたつもりです。それは，ある意味，通訳，そして翻訳ともいえるのかな，とも思います。多様性あふれるチームの中で，少しでも仲介役になれたのなら嬉しいです。

　高校生，大学生，そして龍平さんの活動に興味を持つ読者のみなさん，サラさん，奈良さんコンビが編み出した自然な流れの英語を味わいながら，ぜひ，龍平さんの語りを想像して本書を読み，かつ心の中で，音にしてみてください。いつか，ここで出てきた表現を，みなさんが自分の英語に取り入れて，自分を語る一助にしていただければと願います。

（なお，本書についての皆様のご感想を出版社にお寄せいただければ幸いです。）

Sarah Brock（サラ・ブロック）英文校閲者

　この本の出版企画は，私にとってリライト（英文の修正）以上のものであった。私は，川田龍平氏の人生を辿っていて，この間，今は他界した私の父と母のことをずっと思い出し続けていた。二人とも科学者だった。特に，母は1970 〜 1980年代の汚染された血液製剤問題に関わっていた。

　母は生物化学者であり血液科学者だった。私は，1975年に母の研究所に行って血液製剤を作っていた遠心分離機を見たことがある。2005年に母の葬式に来てくれた同僚は，私が以前全く理解していなかったことについて話してくれた。母が1970年代に血液製剤のHIVを突き止める試験法を開発した科学者の一人であった，ということだ。

　母の高校卒業アルバムには，彼女の夢は「血液を研究し人命を救うこと」と書いてある。驚くべきことに母はその夢を実現した。でも悲しいことに，母の夢は人命より利益を優先する当局の強欲と無気力のために遅らされてしまった。

　父は連邦政府の物理化学者で，週末に野菜を栽培していた。彼は殺虫剤を正しく使い，定期的に作物を試験し，農薬なしに野菜を育てるのがいかに難しいか，を話していた。しかしその後，たとえ最小限であれ，農薬を使ったことを後悔していた。私の息子が自閉症と診断されたとき，父は有機の野菜を使うように，と忠告してくれた。しかし私は父の農園を見ていたのですでにそのことを理解していた。

　父と母は，私の自閉症の息子の権利と将来が日本国憲法——特に9条（戦争放棄）と23条（学問の自由）によってどのように守られているかを知って喜んだ。息子は，警察によって施設に強制収容されたりまたは傷つけられることはなく，今は栃木県の「こころみ学園」で自分の人生を送っている——こんな国は他に思いつかない。息子はそこで丸太を運んで椎茸を栽培したり，ぶどうの収穫やワイン作りを手伝っている。

　私は，息子が日本で生まれて育って本当に幸運だったと言える。この出版企画はこのメッセージを痛感させてくれたのである。

資料：関連映像ニュース

①1995年7月24日　厚生省を取り巻く「人間の鎖」行動の映像
　https://m.youtube.com/watch?v=U-hsyiVJWlQ

②1996年2月4日の薬害エイズ事件（厚生省謝罪のNHKTVニュース）
　https://www2.nhk.or.jp/archives/tv60bin/detail/index.cgi?das_id=D0009030275_00000

①　②

[著者] **川田龍平**（かわだ・りゅうへい）

1976年東京都小平市生まれ。東京経済大学卒。政府の情報隠蔽により危険な輸入血液製剤使用で HIV ウイルスに感染。19歳で実名を公表し「薬害エイズ裁判」の原告となり，歴史的和解を勝ち取る。2007年参議院東京選挙区にて当選，現在3期目。「いのちを守る国へ」をスローガンに，厚生労働委員，東日本大震災復興特別委員，農水委員，国民生活・経済に関する調査会会長，行政監視委員長，国際経済・外交に関する調査会筆頭理事などを歴任。現在は，立憲民主党両院議員総会長，ネクスト厚生労働副大臣，ネクスト消費者担当副大臣，厚生労働委員会筆頭理事，消費者特別委員会筆頭理事を務める。「東京電力福島原発事故子ども被災者支援法」「臨床研究法」「手話言語法」「動物愛護法」「成育医療基本法」「在来種・ローカルフード育成法案」など，いのちを守る多くの法案に尽力。岩手医科大学客員教授。趣味はトランペットと，神社巡り。家族は，妻（国際ジャーナリストの堤未果）とネコ（ロシアンブルー2匹）。

[編注者] **奈良 勝行**（なら・かつゆき）
40年間都立高校などで英語科教員。現在，白梅学園大学の研究員。

柏村みね子（かしむら・みねこ）
36年間中高で英語教師，現在，法政大学と武蔵大学で講師として勤務。

Sarah Brock（サラ・ブロック）
10年間 ALT を務め，現在，白梅学園大学と東洋大学で講師として勤務。

龍平：生き抜く勇気を
—いのちを守る世界をつくるために

2022 年 11 月 20 日発行

著　　者　　川田 龍平

発 行 所　　株式会社 高文研
　　　　　　〒 101-0064　東京都千代田区神田猿楽町 2-1-8　三恵ビル
　　　　　　https//:www.koubunken.co.jp

電　　話　　(03)3295-3415　　FAX (03)3295-3417
振替口座　　00160-6-18956

印 刷 所　　中央精版印刷 株式会社

装　　幀　　久世 優子（修学舎）
組　　版　　修 学 舎

Printed in Japan　　　　　　　　　　　ISBN 978-4-87498-825-1　C0036